IMPRIMERIE DE L.-M. HERMAN,
390, rue St-Denis.

LA
JUSTICE D'AVRIL.

LETTRE

A M. GUIZOT.

PAR M. CABET.
Ancien député de la Côte-d'Or.

PARIS.

PAGNERRE, ÉDITEUR,
RUE BERGÈRE, 17.

1835.

LETTRE A M. GUIZOT.

Monsieur ,

A la séance du 30 décembre, dans la discussion sur la monstrueuse loi relative à la construction d'une salle d'audience pour le monstrueux procès d'avril, vous avez dit que « les accusés traduits devant la cour des pairs y trouve- » raient *toutes les garanties possibles*, et des garanties *supérieu-* » *res* à toutes celles qui existent *partout ailleurs* : vous avez dit » encore que, dans aucun pays comme dans aucun temps, les » *lois* et la *justice* n'avaient été plus *équitables* et plus *douces* » qu'en France aujourd'hui. »

Ce qu'on n'a jamais vu nulle part, ce sont des ministres plus intrépides pour nier l'évidence, pour affirmer des mensonges manifestes, pour soutenir des erreurs et des absurdités palpables.

Que certain de vos collègues soutienne que le jour est la nuit, que deux et deux font cinq, et que M. Thiers ne dit jamais que la vérité, cela ne m'étonne pas.

Mais vous, homme grave, qui connaissez l'Angleterre et la France, comment osez-vous dire que la liberté individuelle trouve autant de garanties dans l'un et dans l'autre pays?

Ne savez-vous pas qu'en France la liberté individuelle est à la discrétion d'un procureur du roi, ou d'un juge d'instruction, ou d'un préfet de police, qui peuvent décerner des mandats *d'arrestation*; que ces fonctionnaires sont dans la dépendance absolue du ministre, dont ils exécutent aveuglément les ordres quand ils ont plus d'ambition que de conscience; que c'est donc comme si le ministre ordonnait l'arrestation lui-même; et que, si ce ministre peut être humain comme vous, doux comme M. Persil, impartial comme M. Barthe, il peut aussi, comme certain que vous connaissez bien, n'être qu'un homme de parti, vindicatif, méchant, cruel, ne reculant devant aucune des mesures les plus *impitoyables*; tandis qu'en Angleterre il n'y a point de préfet de police, point de juge d'instruction, point de procureur du roi accusateur public, et que les juges de paix qui délivrent les mandats d'arrestation sont indépendans du gouvernement ?

Ne savez-vous pas qu'en France l'*incarcération* peut avoir lieu sur une simple dénonciation secrète d'un agent de police; que la procédure est également secrète, que l'accusé ne connaît ni le dénonciateur ni les témoins; tandis qu'en Angleterre l'incarcération n'est opérée qu'après que le prévenu a été publiquement confronté avec son dénonciateur et les témoins à charge, après que ceux-ci ont fait leurs dépositions en sa présence, après qu'il a pu faire entendre lui-même des témoins à décharge ?

Ne savez-vous pas qu'en France le prévenu ne peut obtenir sa *liberté provisoire* quand il est accusé d'un crime, et qu'il ne l'obtient que très difficilement quand il est accusé d'un délit, tandis qu'en Angleterre l'accusé domicilié et connu peut obtenir sa liberté sous caution dans le premier de ces cas, et l'obtient nécessairement dans le second ?

Ignorez-vous qu'en France le simple prévenu peut être mis au *secret* pendant plusieurs mois et privé de toutes communications soit avec sa famille et ses amis, soit même avec les autres prisonniers, tandis que ce supplice, dont un innocent peut être victime, est inconnu en Angleterre ?

Pouvez-vous ignorer qu'en France le prévenu n'est souvent jugé qu'*un an* ou *dix-huit mois* après son arrestation, et qu'un innocent peut être ruiné et perdu par une pareille détention provisoire, tandis qu'en Angleterre le prévenu doit nécessairement être jugé à la première session de la cour d'assises ?

Pouvez-vous ignorer qu'en France on est mis en accusation par quelques *juges*, sur la simple lecture d'une procédure écrite, tandis qu'en Angleterre les citoyens ont la garantie du *jury d'accusation*, qui ne prononce qu'après avoir vu et entendu les témoins ?

Je ne vous parlerai pas de l'*influence* que le gouvernement exerce en France sur les jurés par la composition de la liste annuelle confiée au préfet, par les récusations du procureur du roi, par la violence avec laquelle l'accusateur public poursuit ordinairement l'accusé, tandis qu'en Angleterre il n'y a généralement pas d'accusateur public : l'accusé récuse un plus grand nombre de jurés, et le gouvernement n'exerce sur eux aucune influence.

Je ne vous parlerai pas non plus des *présidens* de cour d'assises qui, généralement en France, dépendans du ministre, dirigent les débats comme des ennemis des accusés plutôt que comme des juges, tandis qu'en Angleterre les présidens, parfaitement indépendans, sont le plus souvent les défenseurs et les protecteurs des accusés.

Mais comment pouvez-vous dire que la liberté possède autant de *garanties* en France que partout ailleurs, quand vous savez qu'en France les *deux tiers* des voix suffisent pour la condamnation, tandis qu'en Angleterre l'*unanimité* est nécessaire pour condamner ; quand vous savez aussi qu'en France les citoyens sont enlevés à leurs juges naturels pour être livrés aux *commissions militaires* de l'état de siége ou à la *commission ministérielle* de la pairie, tandis qu'un Anglais a toujours la garantie du jury ?

Comment pouvez-vous comparer la justice française à la justice anglaise, quand vous savez qu'en France les fonctionnaires publics, quels que soient leurs attentats contre la liberté, ne peuvent être poursuivis qu'avec la permission du gouvernement, qui ne l'accorde jamais en matières politiques, tandis qu'en Angleterre tout magistrat quelconque et tout agent de la force publique, militaire ou civil, peut être poursuivi, sans autorisation, par la partie lésée, devant des jurés, qui condamnent ordinairement le coupable ?

Comment pouvez-vous comparer les deux pays, quand vous savez, par exemple, que les assommeurs officiels du 14 juillet, les assassins du pont d'Arcole, de la place de la Bourse et de la rue Transnonain sont impunis, sans qu'on puisse obtenir ni enquête parlementaire, ni poursuite judiciaire publique, tandis qu'en Angleterre les soldats qui viennent de faire feu sur des Irlandais sont publiquement poursuivis par les parens des victimes ?

Oui, l'Angleterre a des *garanties* pour la liberté et la

France n'en a point ! Aussi, là les prisons sont vides de prisonniers politiques, et ici les cachots ne sont pas assez grands pour les contenir ; on arrête en masse sauf à relâcher plus tard !

Oui, les Anglais sont libres, maîtres de leurs personnes et de leurs domiciles, et ils peuvent s'en glorifier. Les Français ont été libres aussi, après 89 ; ils veulent l'être, ils le seront ; mais peuvent-ils se dire libres aujourd'hui quand aucun d'eux n'est sûr de coucher dans son lit, quand chacun peut, suivant le caprice du pouvoir, et quoiqu'innocent, être enlevé à sa famille et à ses affaires, jeté dans un cachot, indéfiniment privé de sa liberté le plus précieux de tous les biens, torturé, ruiné ?

Vous savez tout cela, M. Guizot, et vous avez le courage de vanter vos lois, votre justice équitable et douce, vos garanties pour la liberté !

Vous osez les vanter en présence des accusés d'avril !

Vous osez parler de douceur quand, au lieu de poursuivre seulement quelques prétendus chefs, vous poursuivez tous les soldats de l'émeute sans exception, ce qui ne s'est peut-être jamais vu, et quand vos accusés sont si nombreux que vous êtes obligé de construire une nouvelle salle d'audience tout exprès pour les juger, ce qui ne s'est peut-être jamais vu non plus !

Vous osez parler de *garanties*, quand vous savez que tant de citoyens maintenant reconnus innocens, amenés de tous les coins de la France, ont été neuf mois injustement privés de leur liberté et ruinés ; et quand tant d'autres citoyens également innocens, qui vous demandent inutilement justice tous les jours, sont arbitrairement retenus dans vos cachots pour n'être jugés que quand il plaira soit à vous, soit à vos maçons !

Des *garanties !* quand le tribunal n'est qu'une nouvelle *chambre ardente*, une nouvelle *chambre étoilée*, comme a dit M. Janvier (1), un *charnier politique*, comme a dit M. Pagès (2), une *commission composée d'ennemis*, comme a dit M. de Lamartine (3).

Des *garanties !* quand ces ennemis, foulant aux pieds les principes et les formes de la justice ordinaire, prononçant à la simple majorité des voix, confondant les pouvoirs législatif,

(1) Séance du 29 décembre.
(2) *Idem.*
(3) Séance du 30 décembre.

exécutif et judiciaire, ont *voté* comme législateurs la loi contre les associations, l'ont *exécutée* comme généraux et colonels de la garde nationale ou de l'armée, ont *rejeté l'amnistie* comme législateurs, et sont choisis exprès pour *juger* ou plutôt pour *condamner* ceux qu'ils accusent de les avoir combattus pour résister à leurs lois oppressives !

Des *garanties !* quand les juges sont tous récusables, soit en masse, soit individuellement; et quand sur tous les murs du palais on pourra lire : *C'est ici que le maréchal Ney fut assassiné,* au mépris d'une capitulation signée au nom de tous les rois !

Non, non : dire que les accusés ont *toutes les garanties* possibles et des garanties *supérieures à celles* qui existent partout ailleurs, c'est évidemment insulter à la vérité, à la raison publique, à l'humanité.

Mais vous voulez à tout prix des condamnations, et tous les moyens vous semblent bons pour en obtenir. Un moment vous consentiez à l'amnistie dans votre intérêt personnel, pour déterminer la rentrée du maréchal Gérard, dont la retraite vous forçait à quitter le pouvoir; et si quelque député plus ministériel que vous avait attaqué l'amnistie, vous n'auriez pas manqué de raisons pour la défendre : aujourd'hui que vous croyez de votre intérêt de la repousser, rien ne vous coûte pour la combattre, et vous approuvez sans doute le moyen que vient d'employer votre collègue de l'intérieur devant la chambre des pairs, quoiqu'il soit impossible de rien imaginer de plus anarchique; car, écoutons M. Thiers.

Mais auparavant, souffrez que je vous rappelle une première provocation à l'anarchie émanée d'un autre ministre.

Vous souvenez-vous des assommeurs du 14 juillet 1831, de cette bande de brigands et de galériens, enrégimentés par une exécrable police, déguisés en ouvriers, ralliés par un drapeau sorti de l'antre infernal de la rue de Jérusalem, et soldés pour assommer les jeunes gens, les hommes de juillet, les véritables ouvriers, qui voulaient planter des arbres de la liberté? Vous souvenez-vous que le garde des sceaux, Barthe, qui n'aurait pas manqué de poursuivre ces infâmes assommeurs s'il y avait eu de la justice en France, se déclara scandaleusement leur protecteur? Vous souvenez-vous que, assez déhonté pour repousser les cris accusateurs de l'opposition indignée, l'ex-carbonaro poussa le cynisme jusqu'à dire, à la tribune nationale, que ces bandits étaient le peuple, qu'en assommant les jeunes gens ils exerçaient la *souveraineté du peuple*, et que cette souveraineté méritait bien aussi nos *hommages?*

Hé bien, qu'en dites-vous? Reconnaître ainsi à une portion du peuple, et surtout à de faux ouvriers embrigadés par la police, le droit d'assommer sous prétexte de défendre les lois et l'ordre public; légitimer, honorer, encourager de pareils attentats, et cela solennellement, à la face du pays, quand on est ministre et ministre de la justice, n'est-ce pas la plus criminelle provocation à l'anarchie? Le ministre anarchiste ne méritait-il pas d'être hué, sifflé, ignominieusement arraché de la tribune, comme disait un jour votre ami M. de Broglie?

Mais, vous vous en souvenez sans doute, le garde des sceaux avait levé les yeux au ciel, il avait presque pleuré d'attendrissement en vantant les vertus de ces bons ouvriers-assommeurs, il avait pris sa voix mélodramatique et tonnante pour foudroyer ces monstres de planteurs d'arbres de la liberté, et la brigade, non des assommeurs mais des *trois cents* d'alors, l'avait accablé de bravos et d'applaudissemens.

Ces applaudissemens troublaient, à ce qu'il paraît, le sommeil de M. Thiers, comme autrefois, *si parva magnis componere licet* (1), les lauriers de Miltiade ne laissaient pas dormir Thémistocle; puisque, pour déterminer les pairs à repousser l'amnistie, M. Thiers n'a pas craint de leur adresser ces étranges paroles : « Savez-vous pourquoi il y a eu une rue *Transnonain?* » C'est que l'on craignait que *la justice ne fût pas rendue*. Moi-» même *j'ai entendu des soldats*, dans l'emportement de la co-» lère, se promettre UNE JUSTICE qu'ils n'attendaient pas du » cours régulier des lois (2). »

Je vous le demande, concevez-vous rien de plus anarchique, de plus subversif de toute justice et de toute société, de plus

(1) S'il est permis de comparer les petites choses aux grandes.
(2) Séance du 22 janvier 1835.

froidement barbare que ce langage d'un ministre à la tribune?
Car raisonnons un peu.

Pourquoi ces soldats craignaient-ils, le 15 avril, qu'on ne fît
pas justice des insurgés qu'ils allaient combattre? C'est évidemment parceque, suivant eux, on n'avait pas fait justice des insurgés de juin; parcequ'on ne les avait pas fait juger par des
conseils de guerre. — Mais la cour de cassation avait décidé
que les conseils de guerre étaient illégaux, et les ministres ainsi
que les chambres et le roi l'avaient également reconnu. Les
soldats se mettaient donc au-dessus de la *cour de cassation*,
au-dessus du *ministère*, au-dessus *des chambres*, au-dessus
du roi! Et M. Thiers qui les entendait n'a pas réclamé..! —
Continuons.

Mais ces insurgés de juin ont été jugés par des *jurés* et par
des *cours d'assises*, qui ont acquitté ceux qu'on avait arrêtés par erreur, qui ont condamné les autres à des peines
plus ou moins sévères et quelques uns à la peine capitale, que,
sur la réclamation de l'opinion publique, les ministres et le roi
ont jugé convenable de commuer en une autre peine; Saint-
Michel, Clairveaux, Poissy, Bicètre, Sainte-Pélagie, étaient
encombrés des condamnés de juin; et cependant les soldats
trouvaient qu'on n'avait pas fait justice; ils voulaient donc que
les jurés déclarassent coupables ceux qu'ils trouvaient innocens,
qu'on les condamnât tous à mort, et qu'on fît couler leur sang
sur les échafauds! Ils se mettaient donc encore au-dessus des
jurés, au-dessus des *cours d'assises*, au-dessus du *vœu public*,
au-dessus des *lois*...! Et M. Thiers qui les entendait n'a pas réclamé!

Et si les conseils de guerre avaient jugé; si, comme les jurés
et les cours d'assises, ils n'avaient pas condamné à mort, les
conseils de guerre n'auraient donc pas fait justice! Les soldats
se seraient donc encore élevés au-dessus des *conseils de guerre!*
Et M. Thiers qui les aurait entendus n'aurait pas réclamé..!

Les soldats, c'est-à-dire la baïonnette et le sabre, qui doi-
vent toujours exécuter sans jamais délibérer, se sont donc
élevés au-dessus de tout; et parceque tous les citoyens arrêtés
en juin n'ont pas été condamnés et exécutés, ces soldats ont dit
qu'ils feraient justice eux-mêmes; c'est-à-dire qu'ils jugeraient
sans témoins, sans défense, sans examen, dans l'aveuglement
de la colère et de la vengeance; c'est-à-dire qu'ils seraient eux-
mêmes adversaires, accusateurs, témoins, juges et bourreaux,

et qu'ils condamneraient et fusilleraient à l'instant tous ceux qu'ils rencontreraient...! Voilà ce qu'ont dit les soldats en présence d'un ministre !

Et le ministre qui les a entendus ne les a ni empêchés ni détournés ! Il n'a pas défendu à leurs chefs, sur leurs têtes, de laisser exécuter ces horribles projets ! Il n'a pas témoigné la moindre désapprobation ! Il a approuvé, autorisé, encouragé par son silence !

Et douze innocens, des femmes, des enfans, ont été tués par ces soldats, chez eux, dans leurs lits ou dans leurs chambres !

Et les meurtriers n'ont pas été poursuivis !

Et, neuf mois après, le ministre vient, en présence de la France entière, parler froidement de cette épouvantable boucherie, sans indignation et sans douleur ! Il ose dire que ces soldats s'étaient *promis une justice* qu'ils n'attendaient pas du cours régulier des lois !

Et les pairs qui l'entendaient ne lui ont pas crié que c'étaient des assassinats ! Ils ne lui ont pas crié qu'il était le complice des assassins, et qu'il était plus coupable lui ministre que des soldats ignorans et égarés !

Hé bien, je vous le demande encore, à vous, savant historien, dans quel pays et dans quel siècle avez-vous rien vu de plus désorganisateur, de plus anti-social et de plus barbare ? — Mais poursuivons encore.

M. Thiers ajoute (c'est du moins le sens de ses paroles) : nous ne pouvons accorder l'amnistie parce que Lyon, la garde nationale, les *soldats feraient justice!* Jugez, messieurs les pairs, dévouez-vous, pour que les *soldats ne fassent pas justice!* Condamnez, et condamnez à mort, car autrement les soldats trouveront que vous n'avez pas plus fait justice des accusés d'avril que les jurés et les cours d'assises à l'égard des accusés de juin, et ils feront justice eux-mêmes !...

Vous le voyez, d'après les principes de M. Thiers, il faut être tué maintenant par les pairs pour n'être pas tué plus tard par les soldats.

Ne serait-il pas plus simple alors de faire siéger les soldats au lieu des pairs, et de les faire siéger leurs fusils à la main, pour qu'ils pussent exécuter vite, sur place et sans désemparer ? Allons, du courage, osez ! Mettez les soldats en présence des accusés ! Donnez aux républicains l'occasion de se justifier devant des soldats sous les armes! Mais vous n'oserez pas : vous craindriez qu'après le combat et quand la colère est passée, ces mêmes soldats que vous avez égarés ne tendissent la main à des adversaires dont ils admireraient le courage et dont ils comprendraient alors avec étonnement qu'ils partagent les sentimens et les opinions.

Ainsi, toujours d'après M. Thiers, il est impossible, absolument impossible d'accorder l'amnistie, parce que les soldats tueraient; il est nécessaire, absolument nécessaire que la cour des pairs juge et condamne, parce que les soldats tueraient, parce qu'à la première *émeute* (et qui pourrait garantir que l'immuable système n'en produira plus?), ce n'est pas une rue Transnonain seulement, mais dix rues Transnonain que verrait la France épouvantée!...

Mais qu'est-il besoin d'une nouvelle émeute, pour que les soldats, reconnus juges suprêmes et souverains, exercent leur souveraineté? Pourquoi les soldats, qui peuvent ainsi s'emparer du droit de vie et de mort, ne s'empareraient-ils pas de tous les autres droits? S'ils peuvent empêcher ou révoquer les amnisties et réformer, pour ainsi dire, les arrêts des tribunaux, pourquoi ne réformeraient-ils pas tout? Et s'ils s'avisaient de juger leurs officiers et leurs généraux, les juges et les législateurs! S'ils s'avisaient d'être scandalisés des *spéculations télégraphiques*, ou de suspecter la fidélité d'un ancien *voyageur à Gand!* Pouvez-vous n'être pas effrayé quand vous vous rappelez quels cadavres les prétoriens de Rome jetaient dans le Tibre!

D'ailleurs pourquoi les *gardes nationaux* ne feraient-ils pas comme les *soldats?* S'ils trouvaient que nos législateurs ne savent pas mieux faire les lois que les juges rendre la justice, pourquoi ne viendraient-ils pas un jour, comme le disait M. d'Harcourt à la tribune, mettre messieurs les députés à la porte, tandis que d'autres jetteraient dans la rue messieurs les nobles pairs de France?

Pourquoi la *police* ne se ferait-elle pas justice contre les soldats, quand les soldats qu'elle accuse de rebellion envers elle sont acquittés par des conseils de guerre? Et si la police, poursuivie plus tard par les soldats blessés, est acquittée par les tribunaux, pourquoi les soldats ne se feraient-ils pas justice contre la police?

Anarchie, obéissance de la justice à la force brutale, souveraineté du sabre, tuerie des citoyens par les soldats et des soldats par la police, voilà où conduisent les paroles du ministre de l'intérieur !

Mais rétablissons la vérité : ces soldats dont parle M. Thiers ; ces soldats qu'il ménage et caresse quand il s'agit de les déterminer à se faire tuer pour tuer leurs véritables amis; ces soldats que vous appelez des *prolétaires et des barbares* quand il s'agit de leur refuser tout droit électoral; ces soldats que vous traitez avec ignominie quand ils se permettent d'avoir des sentimens et des opinions populaires; ces soldats envers qui vos agens de police se montrent aussi cruels (1) qu'envers des républicains; ces soldats ne sont pas les vrais coupables de l'horrible justice exercée par eux en avril : trompés, égarés, contraints, ils ne sont que les instrumens de ceux qui les commandent. « Vous êtes bien malheureuses, disaient ceux de la rue » Transnonain aux femmes dont ils venaient de tuer les maris; » mais nous sommes commandés et forcés d'obéir; nous sommes *aussi malheureux que vous* (1) ! »

Et qui les commande? Un officier, un colonel (on frémit quand on pense que le galérien Cognard était colonel sous le titre usurpé de comte de Saint-Hélène), ou bien un général Bugeaud, qui, le 13 avril, pouvait désirer que la police fît ou laissât faire d'inutiles barricades pour avoir le plaisir de fusiller quelques jeunes gens, comme il ose dire à la tribune (1) qu'il désire aujourd'hui l'amnistie pour avoir la jouissance de voir une nouvelle émeute et d'exterminer tous les républicains.

Oui, après juin, ce ne sont pas les soldats de la ligne ni de la garde nationale qui demandaient l'état de siége, les con-

---

(1) Des débats devant un conseil de guerre il résulte que, dans un corps de garde, en présence des gardes nationaux indignés, un officier de paix a donné des coups de *canif* sur la main d'un soldat, l'a frappé sur la tête avec un *chandelier*, et l'a frappé au visage avec le talon de sa botte. — *National* du 26 janvier 1835.

(2) Mémoire de M. Ledru-Rollin.

(3) Séance du 31 décembre.

seils de guerre et la mort des prisonniers; ce sont les officiers supérieurs, les colonels, les généraux, les chefs des bandes ministérielles dans les deux chambres; ce sont eux qui, après la levée de l'état de siége, s'insurgeant contre les lois, disaient hautement devant les juges d'instruction et partout : *Puisqu'on ne peut pas obtenir justice, à la première occasion, nous ferons tout tuer pour en finir !*

Et le 13 avril au matin, au lieu de soldats dont parle M. Thiers, c'est peut-être le général qui, devant lui, se promettait tout haut de faire la justice de la rue Transnonain! C'est peut-être le ministre lui-même qui, d'accord avec le général, préparait cette sanglante justice! C'est le général et c'est le ministre qui peut-être ordonnaient aux officiers d'ordonner aux soldats de faire justice !

Et quand les soldats n'ont fait qu'exécuter l'ordre du ministre, le ministre vient invoquer l'opinion et la volonté des soldats ! Et ce ministre vient dire à la chambre des pairs : jugez et condamnez, ou les SOLDATS TUERONT ! Que ne dit-il plutôt : condamnez ou *le général fera tuer*; et mieux encore : condamnez ou *moi ministre je ferai tuer !*

Et pendant que le général Bugeaud commande les soldats de la rue Transnonain, qui commande les soldats à Lyon? le général Aymar; qui remplace le ministre de l'intérieur? son préfet Gasparin, son télégraphe et ses ordres *impitoyables.* Qu'y font-ils? écoutons M. Jars, député de cette malheureuse cité (1).

C'est en vain qu'un agent de police offre de faire arrêter tous les chefs de la future émeute rassemblés au moment d'agir : on veut l'émeute.

C'est en vain qu'un des adjoints offre cinq ou six cents citoyens : on ne veut que des soldats, des canons et des pétards.

Personne ne peut sortir sous peine de la vie : pendant cinq jours beaucoup de familles sont sans pain, les malades sans médecins, les morts sans sépulture...

Les boulets, les obus, la mitraille sont prodigués sans me-

____

(1) Séance du 31 janvier.

sure : on incendie, on ébranle les maisons lors même qu'il ne s'agit que de réduire quelques hommes.

Des prisonniers sont fusillés sur place : c'est la justice du général !

Plusieurs sont à l'instant reconnus fusillés par erreur (1) : c'est égal, c'est la justice du fusil !

Que d'innocens périssent ainsi par la justice du canon !

Puis le général et le préfet sont nommés pairs de France pour faire justice de ceux qui leur ont échappé !

Et M. Thiers ose qualifier son gouvernement d'être le plus doux, le plus humain, le plus noble, le plus généreux des gouvernemens !

Il ose dire qu'il a été *doux* et *clément* envers les accusés, et qu'il ne redouterait pas de paraître devant eux ! Hé bien ! qu'il essaie, qu'il se fasse pair comme M. Barthe, et qu'il devienne leur juge ! Quoiqu'il ne les ait pas encore fait tuer, il verra comme ils le remercieront de sa douceur et de sa clémence !

Et vous, monsieur Guizot, oserez-vous encore parler de *légalité*, de *justice*, de *garanties* pour la liberté ?

Vous plaindrez-vous encore du *désordre moral ?* Accuserez-vous encore les républicains d'*anarchie ?*

Accusez en plutôt votre collègue ; expulsez le ministre anarchiste et désorganisateur !

Je sais bien que vous ne l'estimez guères ; je sais que vous le trouvez étourdi, babillard, rempli d'inconséquences et de contradictions, semblable à ces enfans à qui l'on permet tout, qui laissent courir leur imagination et leur langue, qui parlent à tort et à travers, et qui, parmi beaucoup d'impertinences et de sottises qu'on excuse à cause de leur âge, attrapent quelques traits spirituels sur lesquels on s'extasie ; je sais bien que vous l'accusez comme il vous accuse, et que vous cherchez à vous en débarasser comme il travaille à vous expulser : mais loin de remédier au mal, toutes ces divisions ne font que l'aggraver.

Quelle considération le gouvernement peut-il obtenir, en effet, quand le public apprend que les ministres, qui se

(1) *Le Courrier de Lyon* l'a avoué.

disaient et qu'on croyait parfaitement unis, étaient divisés?
Quel scandale quand l'un dit à l'autre *bourse*, *télégraphe*,
et que celui-ci répond *voyage à Gand*, *cours prévotales* !
Comment le peuple les estimerait-il quand ils se mépri-
sent ! Comment aurait-il confiance en eux quand ils se suspec-
tent ! Comment n'admettrait-il pas toutes les accusations contre eux, quand ce sont eux-mêmes qui s'accusent réciproque-
ment, eux qui se connaissent si bien ! Comment croirait-il à ce
qu'on appelle la *sagesse royale*, quand ce sont ses ministres qui
déclarent qu'elle ne sait choisir que des gens qu'il faut chasser
ensuite !

Comment, en un mot, la royauté ne serait-elle pas écrasée
sous la déconsidération publique, quand elle présente le spec-
tacle nouveau d'un roi qui, pendant quinze jours, n'a pu trou-
ver sept hommes d'accord pour former son ministère !

Et vous vous plaignez de ce que le doute, l'incertitude le scep-
ticisme, sont dans toutes les têtes, quand c'est vous, ministres,
qui répandez partout le chaos et l'anarchie ! Vous vous plaignez
de ce que le mot *république* séduit non seulement la masse
mais même les *meilleurs esprits* (1) jusques dans la chambre des
députés, quand vous semblez prendre à plaisir de faire mépri-
ser et détester la monarchie !

Quant aux accusés d'avril, puisque vous faites la folie de
les poursuivre, ne tardez plus à les juger. Ce ne sont pas eux
qui redoutent ces débats dans lesquels de nobles et courageux
martyrs d'une cause sainte et sacrée, suivis jusques sur leurs
bancs par les sympathies populaires et par l'intérêt universel,
paraîtront bien autrement grands et tranquilles que leurs accusateurs et leurs juges : mais hâtez-vous de les juger ; car cha-
que jour de retard est un criminel déni de justice pour lequel
vous aurez besoin d'une amnistie.

Je suis, etc.

CABET.

Londres, 1 février 1835.

______

(1) Aveu de M. Guizot, séance du 30 décembre.

Nous publierons incessamment deux autres brochures de M. Cabet.

L'une intitulée :

UNE TROISIÈME RESTAURATION

EST-ELLE POSSIBLE ?

QUESTION ADRESSÉE

A MM. LAFFITTE, ODILON-BARROT ET MAUGUIN.

L'autre :

LE PASSÉ, LE PRÉSENT ET L'AVENIR

OU

LA VENUE DE LA RÉPUBLIQUE.